L'ISLE

ES ESCLAVES,

COMÉDIE

en un Acte,

EPRESENTÉE POUR LA PREMIERE
fois par les Comédiens Italiens du Roy,
le Lundy 5. Mars 1725.

A PARIS,

{ Noel Pissot, Quay des Augustins, à la
descente du Pont-neuf, à la Croix d'or.
cz { Pierre Delormel, ruë du Foin,
à Sainte Géneviéve.
{ François Flahaut, Quay des Augustins,
au coin de la ruë Pavée, au Roy de Portugal.

M. DCC. XXV.

Avec Approbation, & Privilege du Roy.

ACTEURS.

IPHICRATE.

ARLEQUIN.

EUPHROSINE.

CLEANTHIS.

TRIVELIN.

DES HABITANS DE L'ISLE.

La Scene est dans l'Isle des Esclaves.

L'ISLE DES ESCLAVES,

C O M E' D I E.

Le Théâtre repréſente une Mer & des Rochers d'un côté, & de l'autre quelques Arbres & des Maiſons.

SCENE PREMIERE.

IPHICRATE *s'avance triſtement ſur le Théâtre avec* ARLEQUIN.

> I PHICRATE *après avoir ſoûpiré.*

ARlequin ?

ARLEQUIN *avec une bouteille de vin qu'il a à ſa ceinture.*

Mon Patron.

A ij

IPHICRATE.

Que deviendrons-nous dans cette Isle?

ARLEQUIN.

Nous deviendrons maigres, étiques, &
puis morts de faim : voilà mon sentiment
& nôtre histoire.

IPHICRATE.

Nous sommes seuls échappés du naufrage ; tous nos Camarades ont péri, & j'en-
vie maintenant leur sort.

ARLEQUIN.

Hélas ! ils sont noïés dans la mer, &
nous avons la même commodité.

IPHICRATE.

Dis-moi ; quand nôtre Vaisseau s'est bri-
sé contre le Rocher, quelques-uns des
nôtres ont eu le temps de se jetter dans
la Chalouppe ; il est vrai que les vagues
l'ont enveloppée, je ne sçai ce qu'elle est
devenuë ; mais peut-être auront-ils eu le
bonheur d'aborder en quelqu'endroit de
l'Isle, & je suis d'avis que nous les cher-
chions.

ARLEQUIN.

Cherchons, il n'y a pas de mal à cela ;
mais reposons-nous auparavant pour boire
un petit coup d'eau-de-vie : j'ai sauvé ma

pauvre bouteille, la voilà ; j'en boirai les deux tiers, comme de raison, & puis je vous donnerai le reste.

IPHICRATE.

Eh, ne perdons point de temps, suis-moi, ne négligeons rien pour nous tirer d'ici ; si je ne me sauve, je suis perdu, je ne reverrai jamais Athênes, car nous sommes dans l'Isle des Esclaves.

ARLEQUIN.

Oh, oh ! qu'est-ce que c'est que cette Race-là ?

IPHICRATE.

Ce sont des Esclaves de la Grece révoltés contre leurs Maîtres, & qui depuis cent ans sont venus s'établir dans une Isle, & je crois que c'est ici : tiens, voici sans doute quelques-unes de leurs Cases ; & leur coûtume, mon cher Arlequin, est de tuer tous les Maîtres qu'ils rencontrent, ou de les jetter dans l'Esclavage.

ARLEQUIN.

Eh ! chaque Païs a sa coûtume : ils tuënt les Maîtres, à la bonne-heure, je l'ai entendu dire aussi ; mais on dit qu'ils ne font rien aux Esclaves comme moi.

IPHICRATE.

Cela est vrai.   A iij

ARLEQUIN.

Eh ! encore vit-on.

IPHICRATE.

Mais je suis en danger de perdre la liberté & peut-être la vie ; Arlequin, cela
ne te suffit-il pas pour me plaindre.

ARLEQUIN *prenant sa bouteille pour boire.*

Ah ! je vous plains de tout mon cœur,
cela est juste.

IPHICRATE.

Suis-moi donc ?

ARLEQUIN *siffle.*

Hu, hu, hu.

IPHICRATE.

Comment donc, que veux-tu dire ?

ARLEQUIN *distrait chante.*

Tala ta lara.

IPHICRATE.

Parles donc, as-tu perdu l'esprit, à quoi
penses-tu ?

ARLEQUIN *riant.*

Ah, ah, ah, Monsieur Iphicrate, la drôle
d'avanture ; je vous plains, par ma foi,
mais je ne sçaurois m'empêcher d'en rire.

IPHICRATE *à part les premiers mots.*

(Le Coquin abuse de ma situation, j'ai
mal fait de lui dire où nous sommes.)
Arlequin, ta gaïeté ne vient pas à propos,
marchons de ce côté.

ARLEQUIN.

J'ai les jambes si engourdies.

IPHICRATE.

Avançons, je t'en prie.

ARLEQUIN.

Je t'en prie, je t'en prie; comme vous
êtes civil & poli ; c'est l'air du Païs qui
fait cela.

IPHICRATE.

Allons, hâtons-nous, faisons seulement
une demi-lieuë sur la Côte pour chercher
nôtre Chaloupe, que nous trouverons
peut-être avec une partie de nos gens ; &
en ce cas-là, nous nous rembarquerons
avec eux.

ARLEQUIN *en badinant.*

Badin, comme vous tournez cela.
(*Il chante*)

L'Embarquement est divin
Quand on vogue, vogue, vogue ;
L'Embarquement est divin
Quand on vogue avec Catin.

A iiij

IPHICRATE *retenant sa colere.*

Mais je ne te comprens point, mon cher Arlequin.

ARLEQUIN.

Mon cher Patron, vos complimens me charment ; vous avez coûtume de m'en faire à coups de gourdin qui ne valent pas ceux-là, & le gourdin est dans la Chalouppe.

IPHICRATE.

Eh ne sçais-tu pas que je t'aime ?

ARLEQUIN.

Oiii ; mais les marques de vôtre amitié tombent toûjours sur mes épaules, & cela est mal-placé. Ainsi tenez, pour ce qui est de nos gens, que le Ciel les benisse ; s'ils sont morts, en voilà pour long-temps ; s'ils sont en vie, cela se passera, & je m'en goberge.

IPHICRATE *un peu émû.*

Mais j'ai besoin d'eux, moi.

ARLEQUIN *indifféremment.*

Oh cela se peut bien, chacun a ses affaires ; que je ne vous dérange pas.

IPHICRATE.

Esclave insolent !

ARLEQUIN *riant.*

Ah ah, vous parlez la Langue d'Athênes, mauvais jargon que je n'entens plus.

IPHICRATE.

Méconnois-tu ton Maître, & n'es-tu
plus mon Esclave.

ARLEQUIN *se reculant d'un air serieux.*

Je l'ai été, je le confesse à ta honte;
mais va, je te le pardonne: les hommes ne
valent rien. Dans le païs d'Athênes j'étois
ton Esclave, tu me traitois comme un
pauvre animal, & tu disois que cela étoit
juste, parce que tu étois le plus fort : Eh
bien, Iphicrate, tu vas trouver ici plus
fort que toi ; on va te faire Esclave à
ton tour ; on te dira aussi que cela est
juste, & nous verrons ce que tu penseras
de cette justice-là, tu m'en diras ton sentiment, je t'attens-là. Quand tu auras
souffert, tu seras plus raisonnable, tu
sçauras mieux ce qu'il est permis de faire
souffrir aux autres. Tout en iroit mieux
dans le monde, si ceux qui te ressemblent
recevoient la même leçon que toi. Adieu,
mon ami, je vais trouver mes Camarades
& tes Maîtres.

(Il s'éloigne.)

IPHICRATE au desespoir, courant
après lui l'épée à la main.

Juste Ciel! Peut-on être plus malheureux & plus outragé que je le suis? Misérable, tu ne mérites pas de vivre.

ARLEQUIN.

Doucement; tes forces sont bien dimi-
nuées, car je ne t'obéïs plus, prens-y
garde.

SCENE II.

Trivelin avec cinq ou six Insulaires arrive conduisant une Dame & la Suivante, & ils accourent à Iphicrate qu'ils voyent l'épée à la main.

TRIVELIN *faisant saisir & desarmer Iphicrate par ses gens.*

Arrêtez, que voulez-vous faire ?

IPHICRATE.

Punir l'insolence de mon Esclave.

TRIVELIN.

Vôtre Esclave ? vous vous trompez, & l'on vous apprendra à corriger vos termes. *(Il prend l'épée d'Iphicrate & la donne à Arlequin.)* Prenez cette épée, mon Camarade, elle est à vous.

ARLEQUIN.

Que le Ciel vous tienne gaillard, brave Camarade que vous êtes.

TRIVELIN.

Comment vous appellez-vous ?

ARLEQUIN.

Eſt-ce mon nom que vous demandez?

TRIVELIN.

Oüi vraiment.

ARLEQUIN.

Je n'en ai point, mon Camarade.

TRIVELIN.

Quoi donc, vous n'en avez pas?

ARLEQUIN.

Non, mon Camarade, je n'ai que des
ſobriquets qu'il m'a donnez; il m'appelle
quelquefois Arlequin, quelquefois Hé.

TRIVELIN.

Hé, le terme eſt ſans façon; je recon-
nois ces Meſſieurs à de pareilles licences:
Et lui comment s'appelle-t-il?

ARLEQUIN.

Oh diantre, il s'appelle par un nom lui;
c'eſt le Seigneur Iphicrate.

TRIVELIN.

Eh bien, changez de nom à preſent;
ſoïez le Seigneur Iphicrate à vôtre tour;
& vous, Iphicrate, appellez-vous Arlequin, ou bien Hé.

ARLEQUIN, *sautant de joye, à son Maître.*

Oh, oh, que nous allons rire! Seigneur Hé.

TRIVELIN *à Arlequin.*

Souvenez - vous en prenant son nom, mon cher Ami, qu'on vous le donne bien moins pour réjouïr vôtre vanité, que pour le corriger de son orguëil.

ARLEQUIN.

Oüi, oüi, corrigeons, corrigeons.

IPHICRATE *regardant Arlequin.*

Maraut!

ARLEQUIN.

Parlez donc, mon bon Ami, voilà encore une licence qui lui prend; cela est-il du jeu?

TRIVELIN *à Arlequin.*

Dans ce moment-ci, il peut vous dire tout ce qu'il voudra. (*à Iphicrate*) Arlequin, vôtre avanture vous afflige, & vous êtes outré contre Iphicrate & contre nous. Ne vous gênez point, soulagez-vous par l'emportement le plus vif; traitez-le de misérable & nous aussi, tout vous est permis à présent: mais ce moment-ci passé, n'oubliez pas que vous êtes Arlequin, que voici Iphicrate, & que vous êtes auprès

de lui ce qu'il étoit auprès de vous : ce
font-là nos Loix, & ma Charge dans la
République est de les faire observer en ce
Canton-ci.

ARLEQUIN.

Ah, la belle Charge !

IPHICRATE.

Moi, l'Esclave de ce Miserable !

TRIVELIN.

Il a bien été le vôtre.

ARLEQUIN.

Hélas ! il n'a qu'à être bien obéissant,
j'aurai mille bontez pour lui.

IPHICRATE.

Vous me donnez la liberté de lui dire
ce qu'il me plaira, ce n'est pas assez ; qu'on
m'accorde encore un bâton.

ARLEQUIN.

Camarade, il demande à parler à mon
dos, & je le mets sous la protection de la
République, au moins.

TRIVELIN.

Ne craignez rien.

CLEANTHIS à *Trivelin*.

Monsieur, je suis Esclave aussi, moi, &
au même Vaisseau ; ne m'oubliez pas, s'il
vous plaît.

TRIVELIN.

Non, ma belle Enfant ; j'ai bien connu
vôtre condition à vôtre habit, & j'allois
vous parler de ce qui vous regarde, quand
je l'ai vû l'épée à la main : Laiſſez-moi
achever ce que j'avois à dire. Arlequin ?

ARLEQUIN *croïant qu'on l'appelle.*

Eh... A propos, je m'appelle Iphicrate.

TRIVELIN *continuant.*

Tâchez de vous calmer ; vous ſçavez qui
nous ſommes, ſans doute.

ARLEQUIN.

Oh morbleu, d'aimables gens.

CLEANTHIS.

Et raiſonnables.

TRIVELIN.

Ne m'interrompez point, mes Enfans;
je penſe donc que vous ſçavez qui nous
ſommes. Quand nos Peres irrités de la
cruauté de leurs Maîtres quitterent la Grece & vinrent s'établir ici, dans le reſſen-
timent des outrages qu'ils avoient reçûs
de leurs Patrons; la premiere Loi qu'ils y
firent, fut d'ôter la vie à tous les Maîtres
que le hazard ou le naufrage conduiroit
dans leur Iſle, & conſéquemment de rendre la liberté à tous les Eſclaves ; la ven-

geance avoit dicté cette Loi ; vingt ans
après la raison l'abolit, & en dicta une
plus douce. Nous ne nous vengeons plus
de vous, nous vous corrigeons ; ce n'est
plus vôtre vie que nous pourfuivons, c'est
la barbarie de vos cœurs que nous voulons détruire ; nous vous jettons dans
l'Efclavage, pour vous rendre fenfibles
aux maux qu'on y éprouve ; nous vous
humilions, afin que nous trouvans fuperbes, vous vous reprochiez de l'avoir été.
Vôtre Efclavage ; ou plûtôt vôtre cours
d'humanité dure trois ans, au bout def-
quels on vous renvoïe, fi vos Maîtres font
contens de vos progrès : & fi vous ne devenez pas meilleurs, nous vous retenons
par charité pour les nouveaux malheureux
que vous iriez faire encore ailleurs ; &
par bonté pour vous, nous vous marions
avec une de nos Citoïennes. Ce font-là
nos Loix à cet égard, mettez à profit leur
rigueur falutaire. Remerciez le fort qui
vous conduit ici ; il vous remet en nos
mains, durs, injuftes & fuperbes ; vous
voilà en mauvais état, nous entreprenons
de vous guérir ; vous êtes moins nos Efclaves que nos malades, & nous ne pre-
nons que trois ans pour vous rendre fains;
c'eft-à-dire, humains, raifonnables, &
génereux pour toute vôtre vie.

ARLEQUIN.

ARLEQUIN.

Et le tout *gratis*, fans purgation ni faignée. Peut-on de la fanté à meilleur compte ?

TRIVELIN.

Au refte, ne cherchez point à vous fauver de ces lieux, vous le tenteriez fans fuccès, & vous feriez vôtre fortune plus mauvaife : commencez vôtre nouveau régime de vie par la patience.

ARLEQUIN.

Dès que c'eft pour fon bien, qu'y a-t-il à dire ?

TRIVELIN *aux Efclaves.*

Quant à vous, mes Enfans, qui devenez libres & Citoïens, Iphicrate habitera cette Cafe avec le nouvel Arlequin, & cette belle Fille demeurera dans l'autre : vons aurez foin de changer d'habit enfemble ; c'eft l'ordre. (*à Arlequin*) Paffez maintenant dans une Maifon qui eft à côté, où l'on vous donnera à manger, fi vous en avez befoin. Je vous apprens au refte, que vous avez huit jours à vous réjouïr du changement de vôtre état; après quoi l'on vous donnera, comme à tout le monde, une occupation convenable. Allez, je vous attends ici. (*aux Infulaires*) Qu'on les

B

conduife. (*aux Femmes*) Et vous autres ; reftez.

Arlequin en s'en allant fait de grandes reverences à Cleanthis.

SCENE III.

TRIVELIN, CLEANTHIS *Efclave*, EUPHROSINE *fa Maîtreffe*.

TRIVELIN.

AH ça, ma Compatriote ; car je regarde deformais nôtre Ifle comme vôtre Patrie ; dites-moi aufli vôtre nom ?

CLEANTHIS *faliant*.

Je m'appelle Cleanthis, & elle Euphrofine.

TRIVELIN.

Cleanthis ; paffe pour cela.

CLEANTHIS.

J'ai aufli des furnoms ; vous plaît-il de les fçavoir ?

TRIVELIN.

Oüi-dà. Et quels font-ils ?

CLEANTHIS.

J'en ai une liste : Sotte, Ridicule, Bête, Butorde, Imbécile, *& cætera.*

EUPHROSINE *en soûpirant.*

Impertinente que vous êtes !

CLEANTHIS.

Tenez, tenez, en voilà encore un que j'oubliois.

TRIVELIN.

Effectivement, elle vous prend sur le fait. Dans vôtre Païs, Euphrosine, on a bien-tôt dit des injures à ceux à qui l'on en peut dire impunément.

EUPHROSINE.

Hélas ! que voulez-vous que je lui réponde, dans l'étrange avanture où je me trouve.

CLEANTHIS.

Oh Dame, il n'est plus si aisé de me répondre. Autrefois il n'y avoit rien de si commode ; on n'avoit affaire qu'à de pauvres gens : falloit-il tant de cérémonies ? (Faites cela, je le veux ; taisez-vous, Sotte?) voilà qui étoit fini. Mais à présent il faut parler raison : c'est un langage étranger pour Madame, elle l'apprendra avec le temps ; il faut se donner patience : je serai de mon mieux pour l'avancer.

TRIVELIN à *Cleanthis.*

Moderez-vous, Euphrosine. (*à Euphro-sine*). Et vous, Cleanthis , ne vous aban-donnez point à vôtre douleur. Je ne puis changer nos Loix, ni vous en affranchir : je vous ai montré combien elles étoient loüables & salutaires pour vous.

CLEANTHIS.

Hum. Elle me trompera bien si elle amande.

TRIVELIN.

Mais comme vous êtes d'un sexe natu-rellement assez foible, & que par-là vous avez dû céder plus facilement qu'un hom-me aux exemples de hauteur, de mépris & de dureté qu'on vous a donnez chez vous contre leurs pareils ; tout ce que je puis faire pour vous, c'est de prier Eu-phrosine de pezer avec bonté les torts que vous avez avec elle , afin de les pezer avec justice.

CLEANTHIS.

Oh tenez, tout cela est trop sçavant pour moi, je n'y comprens rien ; j'irai le grand chemin , je pezerai comme elle pe-zoit ; ce qui viendra , nous le pren-drons.

TRIVELIN.

Doucement, point de vengeance.

CLEANTHIS.

Mais, nôtre bon Ami, au bout du compte, vous parlez de son sexe ; elle a le défaut d'être foible, je lui en offre autant ; je n'ai pas la vertu d'être forte. S'il faut que j'excuse toutes ses mauvaises manieres à mon égard, il faudra donc qu'elle excuse aussi la rancune que j'en ai contre elle ; car je suis femme autant qu'elle, moi : voïons qui est-ce qui décidera. Ne suis-je pas la Maîtresse, une fois ? Eh bien, qu'elle commence toûjours par excuser ma rancune ; & puis, moi, je lui pardonnerai quand je pourrai ce qu'elle m'a fait : qu'elle attende.

EUPHROSINE *à Trivelin.*

Quels discours ! Faut-il que vous m'exposiez à les entendre !

CLEANTHIS.

Souffrez-les, Madame ; c'est le fruit de vos œuvres.

TRIVELIN.

Allons, Euphrosine, moderez-vous.

CLEANTHIS.

Que voulez-vous que je vous dise ;

quand on a de la colere, il n'y a rien de
tel pour la paſſer, que de la contenter un
peu, voïez-vous ; quand je l'aurai querel-
lée à mon aiſe une douzaine de fois ſeule-
ment, elle en ſera quitte ; mais il me faut
cela.

T R I V E L I N *à part à Euphroſine.*

Il faut que ceci ait ſon cours ; mais
conſolez-vous, cela finira plûtôt que vous
ne penſez. (*à Cleanthis*) J'eſpere, Euphroſine, que vous perdrez vôtre reſſen-
timent, & je vous y exhorte en ami. Ve-
nons maintenant à l'examen de ſon caractere : il eſt neceſſaire que vous m'en
donniez un portrait qui ſe doit faire devant la perſonne qu'on peint, afin qu'elle
ſe connoiſſe, qu'elle rougiſſe de ſes ridi-
cules, ſi elle en a, & qu'elle ſe corrige.
Nous avons-là de bonnes intentions, comme vous voïez. Allons commençons.

C L E A N T H I S.

Oh que cela eſt bien inventé ! Allons,
me voilà prête ; interrogez-moi, je ſuis
dans mon fort.

E U P H R O S I N E *doucement.*

Je vous prie, Monſieur, que je me retire, & que je n'entende point ce qu'elle
va dire.

TRIVELIN.

Hélas! ma chere Dame, cela n'eſt fait que pour vous; il faut que vous ſoïez preſente.

CLEANTHIS.

Reſtez, reſtez, un peu de honte eſt bien-tôt paſſée.

TRIVELIN.

Vaine Minaudiere & Coquette, voilà d'abord à peu près ſur quoi je vais vous interroger au hazard. Cela la regarde-t-il?

CLEANTHIS.

Vaine Minaudiere & Coquette; ſi cela la regarde? Eh voilà ma chere Maîtreſſe! cela lui reſſemble comme ſon viſage.

EUPHROSINE.

N'en voilà-t-il pas aſſez, Monſieur.

TRIVELIN.

Ah, je vous félicite du petit embaras que cela vous donne; vous ſentez, c'eſt bon ſigne, & j'en augure bien pour l'ave-nir: mais ce ne ſont encore-là que les grands traits; détaillons un peu cela. En quoi donc, par exemple, lui trouvez-vous les défauts dont nous parlons?

CLEANTHIS.

En quoi? par tout, à toute heure, en

tous lieux ; je vous ai dit de m'interroger ;
mais par où commencer , je n'en sçai
rien , je m'y perds ; il y a tant de chofes ,
j'en ai tant vû , tant remarqué de toutes
les efpeces, que cela me broüille. Madame fe tait, Madame parle ; elle regarde ,
elle eft trifte , elle eft gaïe : filence , dif-
cours, regards, triftefle , & joie ; c'eft tout
un , il n'y a que la couleur de differente ;
c'eft vanité müette , contente ou fâchée ;
c'eft coquetterie babillarde , jaloufe ou
curieufe ; c'eft Madame , toûjours vaine
ou coquette l'un après l'autre , ou tous
les deux à la fois : voilà ce que c'eft ,
voilà par où je débute , rien que cela.

EUPHROSINE.
Je n'y fçaurois tenir.

TRIVELIN.
Attendez donc , ce n'eft qu'un début.

CLEANTHIS.
Madame fe léve , a-t-elle bien dormi ,
le fommeil l'a-t-il rendu belle, fe fent-elle
du vif, du fémillant dans les yeux ; vîte
fur les armes, la journée fera glorieufe :
qu'on m'habille ; Madame verra du monde aujourd'hui ; elle ira aux fpectacles,
aux promenades , aux affemblées ; fon
vifage peut fe manifefter, peut foûtenir

le

le grand jour, il fera plaifir à voir, il n'y a qu'à le promener hardiment, il eft en état, il n'y a rien à craindre.

TRIVELIN à *Euphrofine*.

Elle développe affez bien cela.

CLEANTHIS.

Madame, au contraire, a-t-elle mal repofé : Ah ! qu'on m'apporte un miroir? comme me voilà faite ! que je fuis mal-bâtie ! Cependant on fe mire, on éprouve fon vifage de toutes les façons, rien ne réüffit ; des yeux battus, un teint fatigué ; voilà qui eft fini, il faut envelopper ce vifage-là, nous n'aurons que du négligé, Madame ne verra perfonne aujourd'hui, pas même le jour, fi elle peut, du moins fera-t-il fombre dans la chambre. Cependant il vient compagnie, on entre : que va-t-on penfer du vifage de Madame ? on croira qu'elle enlaidit : donnera-t-elle ce plaifir-là à fes bonnes Amies ? non, il y a remede à tout : vous allez voir. Comment vous portez-vous, Madame ? Très-mal, Madame : J'ai perdu le fommeil ; il y a huit jours que je n'ai fermé l'œil ; je n'ofe pas me montrer, je fais peur. Et cela veut dire : Meffieurs, figurez-vous que ce n'eft point moi, au moins ; ne me regardez pas ;

C

remettez à me voir ; ne me jugez pas aujourd'hui ; attendez que j'aïe dormi. J'entendois tout cela, moi ; car nous autres Esclaves, nous sommes doüez contre nos Maîtres d'une pénétration. Oh ! ce sont de pauvres gens pour nous.

TRIVELIN *à Euphrosine.*

Courage, Madame, profitez de cette peinture-là, car elle me paroît fidelle.

EUPHROSINE.

Je ne sçai où j'en suis.

CLEANTHIS.

Vous en êtes aux deux tiers, & j'acheverai, pourvû que cela ne vous ennuïe pas.

TRIVELIN.

Achevez, achevez ; Madame soûtiendra bien le reste.

CLEANTHIS.

Vous souvenez-vous d'un soir où vous étiez avec ce Cavalier si bien-fait ? j'étois dans la chambre : Vous vous entreteniez bas ; mais j'ai l'oreille fine : vous vouliez lui plaire sans faire semblant de rien ; vous parliez d'une femme qu'il voïoit souvent. Cette femme-là est aimable, disiez-vous ; elle a les yeux petits, mais très-doux : &

là-dessus vous ouvriez les vôtres , vous
vous donniez des tons , des gestes de tête,
de petites contorsions , des vivacitez. Je
riois. Vous réüssites pourtant , le Cavalier
s'y prit ; il vous offrit son cœur. A moi ?
lui dites-vous : Oüi , Madame , à vous-
même ; à tout ce qu'il y a de plus aimable
au monde. Continuez folâtre, continuez,
dites-vous , en ôtant vos gands sous pré-
texte de m'en demander d'autres : mais
vous avez la main belle , il la vit , il la
prit, il la baisa , cela anima sa déclaration ;
& c'étoit-là les gands que vous demandiez. Eh bien, y suis-je ?

TRIVELIN *à Euphrosine.*

En verité , elle a raison.

CLEANTHIS.

Ecoutez, écoutez, voici le plus plaisant. Un jour qu'elle pouvoit m'entendre,
& qu'elle croïoit que je ne m'en doutois
pas , je parlois d'elle , & je dis : Oh pour
cela , il faut l'avoüer, Madame est une des
plus belles femmes du monde. Que de
bontez pendant huit jours, ce petit mot-là
ne me valut-il pas ? J'essaïai en pareille
occasion de dire que Madame étoit une
femme très-raisonnable : oh je n'eus rien ,
cela ne prit point ; & c'étoit bien fait, car
je la flattois.

C ij

EUPHROSINE.

Monſieur, je ne reſterai point, ou l'on me fera reſter par force; je ne puis en ſouffrir davantage.

TRIVELIN.

En voilà donc aſſez pour à preſent.

CLEANTHIS.

J'allois parler des vapeurs de mignardiſe auſquelles Madame eſt ſujette à la moindre odeur. Elle ne ſçait pas qu'un jour, je mis à ſon inſçu des fleurs dans la ruelle de ſon lit pour voir ce qu'il en ſeroit. J'attendois une vapeur, elle eſt encore à venir. Le lendemain en compagnie une roze parut, crac, la vapeur arrive.

TRIVELIN.

Cela ſuffit, Euphroſine, promenez-vous un moment à quelques pas de nous, parce que j'ai quelque choſe à lui dire; elle ira vous rejoindre enſuite.

CLEANTHIS *s'en allant,*

Recommandez-lui d'être docile, au moins. Adieu, nôtre bon Ami, je vous ai diverti, j'en ſuis bien-aiſe; une autre fois je vous dirai comme quoi Madame s'abſtient ſouvent de mettre de beaux habits, pour en mettre un négligé qui lui marque

tendrement la taille. C'eſt encore une fi-
neſſe que cet habit-là ; on diroit qu'une
femme qui le met ne ſe ſoucie pas de pa-
roître : mais à d'autres ; on s'y ramaſſe
dans un corſet appétiſſant, on y montre
ſa bonne façon naturelle ; on y dit aux
gens : Regardez mes graces, elles ſont à
moi celles-là ; & d'un autre côté on veut
leur dire auſſi : Voïez comme je m'habille,
quelle ſimplicité, il n'y a point de coquetterie dans mon fait.

TRIVELIN.

Mais je vous ai prié de nous laiſſer.

CLEANTHIS.

Je ſors, & tantôt nous reprendrons le
diſcours qui ſera fort divertiſſant ; car
vous verrez auſſi comme quoi Madame
entre dans une Loge au Spectacle, avec
quelle emphaſe, avec quel air impoſant,
quoique d'un air diſtrait & ſans y penſer ;
car c'eſt la belle éducation qui donne cet
orguëil-là. Vous verrez comme dans la
Loge on y jette un regard indifférent &
dédaigneux ſur des femmes qui ſont à
côté, & qu'on ne connoît pas. Bon jour,
nôtre bon Ami, je vais à nôtre Auberge.

SCENE IV.

TRIVELIN, EUPHROSINE.

TRIVELIN.

CEtte Scene-çi vous a un peu fatiguée, mais cela ne vous nüira pas.

EUPHROSINE.

Vous êtes des Barbares.

TRIVELIN.

Nous fommes d'honnêtes gens qui vous inftruifons; voilà tout : il vous refte encore à fatisfaire à un petite formalité.

EUPHROSINE.

Encore des formalitez !

TRIVELIN.

Celle-ci eft moins que rien ; je dois faire rapport de tout ce que je viens d'entendre, & de tout ce que vous m'allez répondre. Convenez-vous de tous les fentimens coquets, de toutes les fingeries d'amour-propre qu'elle vient de vous attribuer ?

EUPHROSINE.

Moi, j'en conviendrois ! Quoi, de pareilles fauſſetez ſont-elles croïables ?

TRIVELIN.

Oh très-croïables, prenez-y garde. Si vous en convenez, cela contribuëra à rendre vôtre condition meilleure : je ne vous en dis pas davantage. On eſperera que vous étant reconnuë, vous abjurerez un jour toutes ces folies qui font qu'on n'aime que ſoi, & qui ont diſtrait vôtre bon cœur d'une infinité d'attentions plus loüables. Si au contraire vous ne convenez pas de ce qu'elle a dit, on vous regardera comme incorrigible, & cela reculera vôtre délivrance. Voïez, conſultez-vous.

EUPHROSINE.

Ma délivrance ! Eh puis-je l'eſperer ?

TRIVELIN.

Oüi, je vous la garantis aux conditions que je vous dis.

EUPHROSINE.

Bien-tôt ?

TRIVELIN.

Sans doute.

C iiij

EUPHROSINE.

Monsieur, faites donc comme si j'étois
convenuë de tout.

TRIVELIN.

Quoy, vous me conseillez de mentir?

EUPHROSINE.

En verité, voilà d'étranges conditions,
cela révolte !

TRIVELIN.

Elles humilient un peu, mais cela est
fort bon. Déterminez-vous; une liberté
très-prochaine est le prix de la verité.
Allons, ne ressemblez-vous pas au portrait
qu'on a fait?

EUPHROSINE.

Mais . . . . .

TRIVELIN.

Quoi?

EUPHROSINE.

Il y a du vrai, parcy, par-là.

TRIVELIN.

Parcy, par-là, n'est point vôtre compte:
Avoüez-vous tous les faits? en a-t-elle
trop dit? n'a-t-elle dit que ce qu'il faut?
Hâtez-vous? j'ai autre chose à faire.

EUPHROSINE.

Vous faut-il une réponse si éxacte ?

TRIVELIN.

Eh oüi, Madame, & le tout pour vôtre
bien.

EUPHROSINE.

Eh bien....

TRIVELIN.

Après ?

EUPHROSINE.

Je suis jeune....

TRIVELIN.

Je ne vous demande pas vôtre âge?

EUPHROSINE.

On est d'un certain rang, on aime à
plaire.

TRIVELIN.

Et c'est ce qui fait que le portrait vous
ressemble.

EUPHROSINE.

Je crois qu'oüi.

TRIVELIN.

Eh voilà ce qu'il nous falloit. Vous
trouvez aussi le portrait un peu risible,
n'est-ce pas ?

EUPHROSINE.

Il faut bien l'avoüer.

TRIVELIN.

A merveilles : Je suis content, ma chere Daine. Allez rejoindre Cleanthis ; je lui rends déja son véritable nom, pour vous donner encore des gages de ma parole. Ne vous impatientez point, montrez un peu de docilité, & le moment esperé arrivera.

EUPHROSINE.

Je m'en fie à vous.

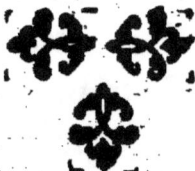

SCENE V.

ARLEQUIN, IPHICRATE,
qui ont changé d'habit,
TRIVELIN.

ARLEQUIN.

Tirlan, tirlan, tirlantaine, tirlanton.
Gay, Camarade, le Vin de la République
est merveilleux, j'en ai bû brayement ma
pinte; car je suis si alteré depuis que je
suis Maître, tantôt j'aurai encore soif pour
pinte. Que le Ciel conserve la Vigne, le
Vigneron, la Vendange & les Caves de
nôtre admirable République.

TRIVELIN.

Bon, réjoüissez-vous, mon Camarade.
Estes-vous content d'Arlequin ?

ARLEQUIN.

Oüi, c'est un bon Enfant, j'en ferai
quelque chose. Il soûpire par fois, & je
lui ai deffendu cela, sous peine de déso-
béïssance ; & je lui ordonne de la joïe.

(Il prend son Maître par la main & danse)

Tala rara la la......

TRIVELIN.

Vous me réjoüissez moi-même.

ARLEQUIN.

Oh quand je suis gai, je suis de bonne humeur.

TRIVELIN.

Fort bien. Je suis charmé de vous voir satisfait d'Arlequin. Vous n'aviez pas beaucoup à vous plaindre de lui dans son Païs, apparemment.

ARLEQUIN.

Hé! là-bas? Je lui voulois souvent un mal de Diable, car il étoit quelquefois insupportable: mais à cette heure que je suis heureux, tout est païé, je lui ai donné quittance.

TRIVELIN.

Je vous aime de ce caractere, & vous me touchez. C'est-à-dire que vous joüirez modestement de vôtre bonne fortune, & que vous ne lui ferez point de peine.

ARLEQUIN.

De la peine? ah le pauvre homme! Peut-être que je serai un petit brin insolent, à cause que je suis le Maître: voilà tout.

TRIVELIN.

A cause que je suis le Maître : Vous avez raison.

ARLEQUIN

Oüi ; car quand on est le Maître, on y va tout rondement sans façon ; & si peu de façon mène quelquefois un honnête homme à des impertinences.

TRIVELIN.

Oh n'importe, je vois bien que vous n'êtes point méchant.

ARLEQUIN.

Hélas ! je ne suis que mutin.

TRIVELIN à *Iphicrate,*

Ne vous épouvantez point de ce que je vais dire. (*à Arlequin*) Instruisez-moi d'une chose : Comment se gouvernoit-il là-bas ; avoit-il quelque défaut d'humeur, de caractere ?

ARLEQUIN *riant.*

Ah ! mon Camarade, vous avez de la malice, vous demandez la Comédie.

TRIVELIN,

Ce caractere-là est donc bien plaisant ?

ARLEQUIN,

Ma foi, c'est une farce.

TRIVELIN.

N'importe, nous en rirons.

ARLEQUIN *à Iphicrate.*

Arlequin, me promets-tu d'en rire auffi ?

IPHICRATE *bas.*

Veux-tu achever de me défefpe*rer* que vas-tu lui dire ?

ARLEQUIN.

Laiffes-moi faire ; quand je t'aurai of-fenfé, je te demanderai pardon après.

TRIVELIN.

Il ne s'agit que d'une bagatelle ; j'en ai demandé autant à la jeune Fille que vous avez vûë, fur le chapitre de fa Maîtreffe.

ARLEQUIN.

Eh bien, tout ce qu'elle vous a dit, c'étoit des folies qui faifoient pitié, des miferes ; gageons ?

TRIVELIN.

Cela eft encore vrai.

Eh bien je vous en offre autant, ce pau-vre jeune garçon n'en fournira pas davan-tage ; extravagance & mifere, voilà fon paquet ; n'eft-ce pas là de belles guenilles pour les étaller ? étourdy par nature, étourdy par fingerie, parce que les fem-

mes les aiment comme cela ; un diffipe
tout ; vilain quand il faut être libéral ,
libéral quand il faut être vilain ; bon em-
prunteur, mauvais payeur ; honteux d'ê-
tre fage , glorieux d'être fou ; un petit
brin mocqueur des bonnes gens ; un petit
brin hableur ; avec tout plein de Maîtref-
fes qu'il ne connoît-pas : voilà mon homme. Eft-ce la peine d'en tirer le portrait ?
(à *Iphicrate*) Non, je n'en ferai rien, mon
ami , ne crains rien,

TRIVELIN.

Cette ébauche me fuffit. (à *Iphicrate*)
Vous n'avez plus maintenant qu'à certi-
fier pour véritable ce qu'il vient de dire,

IPHICRATE.

Moy ?

TRIVELIN.

Vous-même. La Dame de tantôt en a
fait autant ; elle vous dira ce qui l'y
a déterminée. Croïez-moi , il y va du
plus grand bien que vous puifliez foû-
haitter.

IPHICRATE.

Du plus grand bien ? Si cela eft , il y a
là quelque chofe qui pourroit affez me
convenir d'une certaine façon.

ARLEQUIN.

Prends tout, c'est un habit fait sur ta taille.

TRIVELIN.

Il me faut tout ou rien.

IPHICRATE.

Voulez-vous que je m'avoüe un ridicule?

ARLEQUIN.

Qu'importe, quand on l'a été.

TRIVELIN.

N'avez-vous que cela à me dire ?

IPHICRATE.

Va donc pour la moitié, pour me tirer d'affaire.

TRIVELIN.

Va du tout.

IPHICRATÉ.

Soit.

(Arlequin rit de toute sa force.)

TRIVELIN.

Vous avez fort bien fait, vous n'y perdrez rien. Adieu, vous sçaurez bien-tôt de mes nouvelles.

SCENE

SCENE VI.
CLEANTHIS, IPHICRATE,
ARLEQUIN, EUPHROSINE.

CLEANTHIS.

SEigneur Iphicrate , peut-on vous demander dequoi vous riez ?

ARLEQUIN.

Je ris de mon Arlequin qui a confeſſé
qu'il étoit un ridicule.

CLEANTHIS.

Cela me ſurprend , car il a la mine d'un
homme raiſonnable. Si vous voulez voir
une Coquette de ſon propre aveu , regardez ma Suivante ?

ARLEQUIN *la regardant.*

Malepeſte, quand ce viſage-là fait le fri-
pon , c'eſt bien ſon mêtier. Mais parlons
d'autres choſes , ma belle Damoiſelle :
Qu'eſt-ce que nous ferons à cette heure
que nous ſommes gaillards ?

CLEANTHIS.

Eh ! mais la belle converſation !

D

ARLEQUIN.

Je crains que cela ne vous faſſe bâailler;
j'en bâaille déja. Si je devenois amoureux
de vous, cela amuſeroit davantage.

CLEANTHIS.

Eh bien, faites. Soûpirez pour moy;
pourſuivez mon cœur, prenez-le ſi vous
pouvez, je ne vous en empêche pas; c'eſt
à vous à faire vos diligences, me voilà, je
vous attends : mais traittons l'amour à
la grande maniére; puiſque nous ſommes
devenus Maîtres, allons-y poliment, &
comme le grand monde.

ARLEQUIN.

Oüy-dà, nous n'en irons que meilleur
train.

CLEANTHIS.

Je ſuis d'avis d'une choſe; que nous
diſions qu'on nous apporte des ſiéges pour
prendre l'air aſſis, & pour écouter les
diſcours galans que vous m'allez tenir :
il faut bien joüir de nôtre état, en goû-
ter le plaiſir.

ARLEQUIN.

Vôtre volonté vaut une ordonnance.
(à Iphicrate) Arlequin, vîte des ſiéges
pour moi, & des fauteüils pour Madame.

IPHICRATE.

Peux-tu m'emploïer à cela !

ARLEQUIN.

La République le veut.

CLEANTHIS.

Tenez, tenez, promenons-nous plûtôt de cette maniere-là, & tout en conversant vous ferez adroitement tomber l'entretien sur le panchant que mes yeux vous ont inspiré pour moi. Car encore une fois nous sommes d'honnêtes gens à cette heure ; il faut songer à cela, il n'est plus question de familiarité domestique. Allons, procedons noblement, n'épargnez ni complimens, ni reverences.

ARLEQUIN.

Et vous, n'épargnez point les mines. Courage ; quand ce ne seroit que pour nous mocquer de nos Patrons. Garderons-nous nos gens ?

CLEANTHIS.

Sans difficulté : pouvons-nous être sans eux, c'est nôtre suite ; qu'ils s'éloignent seulement.

ARLEQUIN à *Iphicrate*.

Qu'on se retire à dix pas ?

*Iphicrate & Euphrosine s'éloignent en
faisant des gestes d'étonnement & de douleur ; Cleanthis regarde aller Iphicrate, &
Arlequin Euphrosine.*

ARLEQUIN *se promenant sur le
Théâtre avec Cleanthis.*

Remarquez-vous, Madame, la clarté
du jour.

CLEANTHIS.

Il fait le plus beau temps du monde ;
on appelle cela un jour tendre.

ARLEQUIN.

Un jour tendre ? Je ressemble donc au
jour, Madame.

CLEANTHIS.

Comment, vous lui ressemblez ?

ARLEQUIN.

Et palsembleu le moïen de n'être pas
tendre, quand on se trouve tête-à-tête
avec vos graces. (*à ce mot il saute de joïe*).
Oh, oh, oh, oh !

CLEANTHIS.

Qu'avez-vous donc, vous défigurez
nôtre conversation ?

ARLEQUIN.

Oh ce n'est rien, c'est que je m'applau-
dis.

CLEANTHIS.

Raïez ces applaudissemens, ils nous dérangent. (*continuant*) Je sçavois bien que mes graces entreroient pour quelque chose ici. Monsieur, vous êtes galant, vous vous promenez avec moi, vous me dites des douceurs; mais finissons, en voilà assez, je vous dispense des complimens.

ARLEQUIN.

Et moi, je vous remercie de vos dispenses.

CLEANTHIS.

Vous m'allez dire que vous m'aimez, je le vois bien : Dites, Monsieur, dites, heureusement on n'en croira rien; vous êtes aimable, mais coquet, & vous ne persuadrez pas.

ARLEQUIN *l'arrêtant par le bras, & se mettant à genoux.*

Faut-il m'agenoüiller, Madame, pour vous convaincre de mes flâmes, & de la sincerité de mes feux ?

CLEANTHIS.

Mais ceci devient sérieux : Laissez-moi, je ne veux point d'affaire ; levez-vous. Quelle vivacité! Faut-il vous dire qu'on vous aime ? Ne peut-on en être quitte à moins ? Cela est étrange !

ARLEQUIN *riant à genoux.*

Ah, ah, ah, que cela va bien ! Nous sommes aussi bouffons que nos Patrons; mais nous sommes plus sages.

CLEANTHIS.

Oh vous riez , vous gâtez tout.

ARLEQUIN.

Ah, ah, par ma foi vous êtes bien aimable, & moi aussi. Sçavez-vous bien ce que je pense ?

CLEANTHIS.

Quoi ?

ARLEQUIN.

Premierement , vous ne m'aimez pas, sinon par coquetterie , comme le grand monde.

CLEANTHIS.

Pas encore , mais il ne s'en falloit plus que d'un mot , quand vous m'avez interrompuë. Et vous , m'aimez-vous ?

ARLEQUIN.

J'y allois aussi quand il m'est venu une pensée. Comment trouvez-vous mon Arlequin ?

CLEANTHIS.

Fort à mon gré. Mais que dites-vous de ma Suivante ?

ARLEQUIN.

Quelle est frippone !

CLEANTHIS.

J'entrevois vôtre pensée.

ARLEQUIN.

Voilà ce que c'est : tombez amoureuse d'Arlequin , & moi de vôtre Suivante ; nous sommes assez forts pour soûtenir cela.

CLEANHTIS.

Cette imagination-là me rit assez ; ils ne sçauroient mieux faire que de nous aimer, dans le fond.

ARLEQUIN.

Ils n'ont jamais rien aimé de si raisonnable, & nous sommes d'excellens partis pour eux.

CLEANTHIS.

Soit. Inspirez à Arlequin de s'attacher à moi, faites-lui sentir l'avantage qu'il y trouvera dans la situation où il est ; qu'il m'épouse, il sortira tout d'un coup d'Esclavage ; cela est bien aisé, au bout du compte. Je n'étois ces jours passez qu'une Esclave ; mais enfin me voilà Dame & Maîtresse d'aussi bon jeu qu'une autre : je la suis par hazard ; n'est-ce pas le hazard qui fait tout ? qu'y a-t-il à dire à cela ?

j'ai même un vifage de condition, tout le monde me l'a dit.

ARLEQUIN.

Pardy je vous prendrois bien, moi, fi je n'aimois pas vôtre Suivante un petit brin plus que vous. Confeillez-lui auffi de l'amour pour ma petite perfonne qui, comme vous voïez, n'eft pas defagréable.

CLEANTHIS.

Vous allez être content ; je vais appeller Cleanthis, je n'ai qu'un mot à lui dire : éloignez-vous un inftant, & revenez. Vous parlerez enfuite à Arlequin pour moi, car il faut qu'il commence ; mon fexe, la bien-féance & ma dignité le veulent.

ARLEQUIN.

Oh, ils le veulent fi vous voulez, car dans le grand monde on n'eft pas fi fa-çonnier ; & fans faire femblant de rien, vous pourriez lui jetter quelque petit mot bien clair à l'avanture pour lui donner courage, à caufe que vous êtes plus que lui, c'eft l'ordre.

CLEANTHIS.

C'eft affez bien raifonner. Effectivement, dans le cas où je fuis, il pourroit y avoir de la petiteffe à m'affujettir à de certaines formalitez qui ne me regardent plus.

plus; je comprens cela à merveille, mais parlez-lui toûjours, je vais dire un mot à Cleanthis; tirez-vous à quartier pour un moment.

ARLEQUIN.

Vantez mon mérite, prêtez-m'en un peu à charge de revanche.

CLEANTHIS.

Laiſſez-moi faire. (*elle appelle Euphro-ſine*) Cleanthis?

SCENE VII.

CLEANTHIS, & EUPHROSINE *qui vient doucement.*

CLEANTHIS.

APprochez, & accoûtumez-vous à aller plus vîte, car je ne ſçaurois attendre.

EUPHROSINE.

Dequoi s'agit-il?

CLEANTHIS.

Venez-çà, écoutez-moi: Un honnête

E

homme vient de me témoigner qu'il vous aime ; c'est Iphicrate.

EUPHROSINE.

Lequel ?

CLEANTHIS.

Lequel ? Y en a-t-il deux ici ? C'est celui qui vient de me quitter.

EUPHROSINE.

Eh que veut-il que je faſſe de ſon amour ?

CLEANTHIS.

Eh qu'avez-vous fait de l'amour de ceux qui vous aimoient ? vous voilà bien étourdie : Eſt-ce le mot d'amour qui vous effarouche ? vous le connoiſſez tant cet amour ; vous n'avez juſques-ici regardé les gens que pour leur en donner ; vos beaux yeux n'ont fait que cela, dédaignent-ils la conquête du Seigneur Iphicrate ? il ne vous fera pas de reverences panchées, vous ne lui trouverez point de contenance ridicule, d'airs évaporez ; ce n'eſt point une tête legere, un petit badin, un petit perfide, un joli volage, un aimable indiſcret ; ce n'eſt point tout cela : ces graceslà lui manquent, à la verité ; ce n'eſt qu'un homme franc, qu'un homme ſimple dans ſes manieres, qui n'a pas l'eſprit de ſe donner des airs, qui vous dira qu'il

vous aime feulement parce que cela fera
vrai : enfin ce n'eſt qu'un bon cœur , voilà
tout ; & cela eſt fâcheux , cela ne pique
point. Mais vous avez l'eſprit raiſonnable , je vous deſtine à lui , il fera vôtre
fortune ici , & vous aurez la bonté d'eſti-
mer ſon amour , & vous y ſerez ſenſible ,
entendez-vous ; vous vous conformerez à
mes intentions , je l'eſpere , imaginez-vous
même que je le veux.

EUPHROSINE.

Où ſuis-je ! & quand cela finira-t-il ?
(elle rêve)

SCENE VIII.

ARLEQUIN, EUPHROSINE.

ARLEQUIN *arrive en ſalüant Cleanthis*
qui ſort. Il va tirer Euphroſine par la
manche.

EUPHROSINE.

QUe me voulez-vous ?

ARLEQUIN *riant.*

Eh , eh , eh , ne vous a-t-on pas parlé
de moi ?   E ij

EUPHROSINE.

Laiffez-moi , je vous prie.

ARLEQUIN.

Eh la la , regardez-moi dans l'œil pour deviner ma penſée ?

EUPHROSINE.

Eh penſez ce qu'il vous plaira.

ARLEQUIN.

M'entendez-vous un peu?

EUPHROSINE.

Non.

ARLEQUIN.

C'eſt que je n'ai encore rien dit.

EUPHROSINE *impatiente*.

Ahi !

ARLEQUIN.

Ne mentez point ; on vous a communiqué les ſentimens de mon ame , rien n'eſt plus obligeant pour vous.

EUPHROSINE.

Quel état !

ARLEQUIN.

Vous me trouvez un peu nigaud, n'eſt-il pas vrai ? mais cela ſe paſſera ; c'eſt que je vous aime, & que je ne ſçai comment vous le dire.

EUPHROSINE.

Vous ?

ARLEQUIN.

Eh pardy oüi ; qu'eft-ce qu'on peut faire de mieux ? Vous êtes fi belle , il faut bien vous donner fon cœur , auffi-bien vous le prendriez de vous-même.

EUPHROSINE.

Voici le comble de mon infortune.

ARLEQUIN *lui regardant les mains.*

Quelles mains raviffantes ! les jolis petits doigts ! que je ferois heureux avec cela ! mon petit cœur en feroit bien fon profit. Reine, je fuis bien tendre , mais vous ne voïez rien ; fi vous aviez la charité d'être tendre auffi , oh ! je deviendrois fou tout-à-fait.

EUPHROSINE.

Tu ne l'eft déja que trop.

ARLEQUIN.

Je ne le ferai jamais tant que vous en êtes digne.

EUPHROSINE.

Je ne fuis digne que de pitié , mon Enfant.

ARLEQUIN.

Bon, bon, à qui eft-ce que vous contez cela ? vous êtes digne de toutes les dignitez imaginables : un Empereur ne vous vaut pas ni moi non plus : mais me voilà, moi, & un Empereur n'y eft pas : & un rien qu'on voit, vaut mieux que quelque chofe qu'on ne voit pas. Qu'en dites-vous ?

EUPHROSINE.

Arlequin, il me femble que tu n'as point le cœur mauvais.

ARLEQUIN.

Oh il ne s'en fait plus de cette pâte-là, je fuis un mouton.

EUPHROSINE.

Refpecte donc le malheur que j'éprouve.

ARLEQUIN.

Hélas ! je me mettrois à genoux devant lui.

EUPHROSINE.

Ne perfecute point une infortunée ; parce que tu peux la perfecuter impunément. Vois l'extrémité où je fuis réduite ; & fi tu n'as point d'égard au rang que je tenois dans le monde, à ma naiſſance, à mon éducation; du moins que mes diſgraces, que mon Eſclavage, que ma douleur t'attendriſſe : tu peux ici m'outrager autant que tu le voudras ; je ſuis ſans azile & ſans deffenſe, je n'ai que mon déſeſpoir pour tout ſecours, j'ai beſoin de la compaſſion de tout le monde, de la tienne même, Arlequin ; voilà l'état où je ſuis, ne le trouves-tu pas aſſez miſerable? tu es devenu libre & heureux, cela doit-il te rendre méchant ? Je n'ai pas la force de t'en dire davantage ; je ne t'ai jamais fait de mal, n'ajoûte rien à celui que je ſouffre.

ARLEQUIN *abbatu & les bras abbaiſſez, & comme immobile.*

J'ai perdu la parole.

SCENE IX.

IPHICRATE, ARLEQUIN.

IPHICRATE.

Cleanthis m'a dit que tu voulois t'entretenir avec moi; que me veux-tu ? as-tu encore quelques nouvelles infultes à me faire ?

ARLEQUIN.

Autre perfonnage qui va me demander encore ma compaffion. Je n'ai rien à te dire, mon Ami, finon que je voulois te faire commandement d'aimer la nouvelle Euphrofine : voilà tout. A qui diantre en as-tu ?

IPHICRATE.

Peux-tu me le demander, Arlequin ?

ARLEQUIN.

Eh pardy oüi je le peux, puifque je le fais.

IPHICRATE.

On m'avoit promis que mon Efclavage finiroit bien-tôt, mais on me trompe, & c'en eft fait je fuccombe ; je me meurs, Arlequin, & tu perdras bien-tôt ce malheureux Maître qui ne te croïoit pas capable des indignitez qu'il a fouffertes de toi.

ARLEQUIN.

Ah ! il ne nous manquoit plus que cela, & nos amours auront bonne mine. Ecoutes, je te deffends de mourir par malice ; par maladie, paffe, je te le permets.

IPHICRATE.

Les Dieux te puniront, Arlequin.

ARLEQUIN.

Eh dequoi veux-tu qu'ils me puniffent ; d'avoir eu du mal toute ma vie ?

IPHICRATE.

De ton audace & de tes mépris envers ton Maître : rien ne m'a été fi fenfible , je l'avouë. Tu es né, tu as été élevé avec moi dans la maifon de mon Pere , le tien y eft encore ; il t'avoit recommandé ton devoir en partant ; moi-même , je t'avois choifi par un fentiment d'amitié pour m'accompagner dans mon voïage ; je croïois que tu m'aimois , & cela m'atta-choit à toi.

ARLEQUIN *pleurant.*

Et qui eft-ce qui te dit que je ne t'aime plus ?

IPHICRATE.

Tu m'aimes, & tu me fais mille injures !

ARLEQUIN.

Parce que je me mocques un petit brin de toi; cela empêche-t-il que je ne t'ai-mes ? Tu difois bien que tu m'aimois, toi, quand tu me faifois battre ; eft-ce que les étrivieres font plus honnêtes que les mocqueries ?

IPHICRATE.

Je conviens que j'ai pû quelquefois te maltraitter fans trop de fujet.

ARLEQUIN.

C'eft la verité.

IPHICRATE.

Mais par combien de bontez n'ai-je pas réparé cela ?

ARLEQUIN.

Cela n'eft pas de ma connoiffance.

IPHICRATE.

D'ailleurs, ne falloit-il pas te corriger de tes défauts?

ARLEQUIN.

J'ai plus pâti des tiens que des miens: mes plus grands défauts, c'étoit ta mauvaife humeur, ton authorité, & le peu de cas que tu faifois de ton pauvre Efclave.

IPHICRATE.

Va, tu n'es qu'un ingrat; au lieu de me fecourir ici, de partager mon affliction, de montrer à tes Camarades l'exemple d'un attachement qui les eut touchez, qui les eut engagez peut-être à renoncer à leur coûtume ou à m'en affranchir; & qui m'eut pénetré moi-même de la plus vive reconnoiffance.

ARLEQUIN.

Tu as raifon, mon Ami, tu me remon-
tre bien mon devoir ici pour toi, mais tu
n'as jamais fçû le tien pour moi, quand
nous étions dans Athênes. Tu veux que
je partage ton affliction, & jamais tu n'as
partagé la mienne. Eh bien va, je dois
avoir le cœur meilleur que toi, car il y a
plus long-temps que je fouffre, & que je
fçai ce que c'eft que de la peine; tu m'as
battu par amitié, puifque tu le dis, je te
le pardonne; je t'ai raillé par bonne humeur, prens-le en bonne part, & fais-en
ton profit. Je parlerai en ta faveur à mes
Camarades, je les prierai de te renvoïer;
& s'ils ne le veulent pas, je te garderai
comme mon Ami; car je ne te reffemble
pas, moi, je n'aurois point le courage
d'être heureux à tes dépens.

IPHICRATE *s'approchant d'Arlequin.*

Mon cher Arlequin! Faffe le Ciel, après
ce que je viens d'entendre, que j'aïe la
joïe de te montrer un jour les fentimens
que tu me donnes pour toi! Vâ, mon cher
Enfant, oublies que tu fus mon Efclave,
& je me reffouviendrai toûjours que je ne
méritois pas d'être ton Maître.

ARLEQUIN.

Ne dites donc point comme cela, mon

cher Patron ; fi j'avols été vôtre pareil, je n'aurois peut-être pas mieux vallu que vous : c'eft à moi à vous demander pardon du mauvais fervice que je vous ai toûjours rendu. Quand vous n'étiez pas raifonna-ble, c'étoit ma faute.-

IPHICRATE *l'embraffant.*

Ta generofité me couvre de confufion.

ARLEQUIN.

Mon pauvre Patron, qu'il y a de plaifir à bien faire!

(après quoi il deshabille fon Maître.)

IPHICRATE.

Que fais-tu, mon cher Ami ?

ARLEQUIN.

Rendez-moi mon habit, & reprenez le vôtre, je ne fuis pas digne de le porter.

IPHICRATE.

Je ne fçaurois retenir mes larmes! Fais ce que tu voudras.

SCENE X.

CLEANTHIS, EUPHROSINE.
IPHICRATE, ARLEQUIN.

CLEANTHIS *en entrant avec Euphrosine qui pleure.*

LAiſſez-moi, je n'ai que faire de vous entendre gémir. (*& plus près d'Arlequin*) Qu'eſt-ce que cela ſignifie, Seigneur Iphicrate ; pourquoi avez-vous repris vôtre habit ?

ARLEQUIN *tendrement.*

C'eſt qu'il eſt trop petit pour mon cher Ami, & que le ſien eſt trop grand pour moi.

(*Il embraſſe les genoux de ſon Maître.*)

CLEANTHIS.

Expliquez-moi donc ce que je vois; il ſemble que vous lui demandiez pardon ?

ARLEQUIN.

C'eſt pour me châtier de mes inſolences.

CLEANTHIS.

Mais enfin nôtre projet ?

ARLEQUIN.

Mais enfin, je veux être un homme de bien; n'est-ce pas-là un beau projet? Je me repens de mes sottises, lui des siennes; repentez-vous des vôtres, Madame Euphrosine se repentira aussi; & vive l'honneur après: cela fera quatre beaux repentirs, qui nous ferons pleurer tant que nous voudrons.

EUPHROSINE

Ah, ma chere Cleanthis, quel exemple pour vous!

IPHICRATE.

Dites plûtôt quel exemple pour nous, Madame, vous m'en voïez pénetré.

CLEANTHIS.

Ah vraiment, nous y voilà, avec vos beaux exemples; voilà de nos gens qui nous méprisent dans le monde, qui font les fiers, qui nous maltraittent, qui nous regardent comme des vers de terre, & puis, qui sont trop heureux dans l'occasion de nous trouver cent fois plus honnêtes gens qu'eux. Fy, que cela est vilain, de n'avoir eu pour tout mérite que de l'or, de l'argent, & des dignitez: c'étoit bien la peine de faire tant les glorieux; où en seriez-vous aujourd'hui, si nous n'a-

vions pas d'autre mérite, que cela pour
vous ? Voïons, ne feriez-vous pas bien at-
trapez ? Il s'agit de vous pardonner; &
pour avoir cette bonté-là, que faut-il
être, s'il vous plaît ? Riche ? non, Noble ?
non, grand Seigneur ? point du tout.
Vous étiez tout cela, en valiez-vous
mieux? Et que faut-il être donc? Ah! nous-
y voici. Il faut avoir le cœur bon, de la
vertu & de la raison; voilà ce qu'il faut,
voilà ce qui eft eftimable, ce qui diftin-
gue, ce qui fait qu'un homme eft plus
qu'un autre. Entendez-vous, Meffieurs
les honnêtes gens du monde ? voilà avec
quoi l'on donne les beaux exemples que
vous demandez, & qui vous paffent : Et
à qui les demandez-vous ? A de pauvres
gens que vous avez toûjours offenfez, mal-
traittez, accablez, tout riches que vous
êtes, & qui ont aujourd'hui pitié de vous,
tout pauvres qu'ils font. Eftimez-vous à
cette heure, faites les fuperbes, vous aurez bonne grace ? Allez, vous devriez
rougir de honte !

ARLEQUIN.

Allons, ma Mie, foïons bonnes gens fans
le reprocher, faifons du bien fans dire
d'injures; ils font contrits d'avoir été mé-
chans, cela fait qu'ils nous valent bien;

car quand on se repent, on est bon; &
quand on est bon, on est aussi avancé que
nous. Approchez, Madame Euphrosine,
elle vous pardonne, voici qu'elle pleure,
la rancune s'en va & vôtre affaire est faite.

CLEANTHIS.

Il est vrai que je pleure, ce n'est pas le
bon cœur qui me manque.

EUPHROSINE *tristement*.

Ma chere Cleanthis, j'ai abusé de l'au-
torité que j'avois sur toi, je l'avouë.

CLEANTHIS.

Hélas, comment en aviez-vous le courage! Mais voilà qui est fait, je veux bien
oublier tout, faites comme vous voudrez;
si vous m'avez fait souffrir, tant pis pour
vous, je ne veux pas avoir à me reprocher la même chose, je vous rends la liberté; & s'il y avoit un Vaisseau, je par-
tirois tout-à-l'heure avec vous: voilà tout
le mal que je vous veux; si vous m'en
faites encore, ce ne sera pas ma faute.

ARLEQUIN *pleurant*.

Ah la brave Fille! ah le charitable na-
turel!

IPHICRATE.

Etes-vous contente, Madame?

EUPHROSINE.

EUPHROSINE *avec attendrissement.*

Viens, que je t'embrasse, ma chere Cleanthis?

ARLEQUIN *à Cleanthis.*

Mettez-vous à genoux pour être encore meilleure qu'elle.

EUPHROSINE.

La reconnoissance me laisse à peine la force de te répondre. Ne parles plus de ton Esclavage, & ne songes plus désormais qu'à partager avec moi tous les biens que les Dieux m'ont donné, si nous retournons à Athênes.

SCENE DERNIERE.

TRIVELIN,

& les Acteurs précedens.

TRIVELIN.

QUe vois-je, vous pleurez, mes Enfans, vous vous embrassez !

ARLEQUIN.

Ah ! vous ne voïez rien, nous sommes

E

admirables ; nous fommes des Rois & des
Reines ; enfin finale , la paix eft concluë,
la vertu a arrangé tout cela ; il ne nous
faut plus qu'un Bateau & un Bâtelier
pour nous en aller ; & fi vous nous les
donnez , vous ferez prefque auffi honnêtes gens que nous.

TRIVELIN.

Et vous , Cleanthis , êtes-vous du même fentiment ?

CLEANTHIS *baifant la main de fa Maîtreffe.*

Je n'ai que faire de vous en dire davantage , vous voïez ce qu'il en eft.

ARLEQUIN *prenant auffi la main de fon Maitre pour la baifer.*

Voilà auffi mon dernier mot , qui vaut
bien des paroles.

TRIVELIN.

Vous me charmez , embraffez-moi auffi,
mes chers Enfans, c'eft-là ceque j'attendois;
fi cela n'étoit pas arrivé , nous aurions
puni vos vengeances comme nous avons
puni leurs duretez. Et vous Iphicrate,
vous Euphrofine , je vous vois attendris,
je n'ai rien à ajoûter aux leçons que vous
donne cette avanture ; vous avez été leurs

Maîtres, & vous en avez mal agi ; ils font devenus les vôtres, & ils vous pardonnent ; faites vos refléxions là-deſſus. La difference des conditions n'eſt qu'une épreuve que les Dieux font ſur nous : je ne vous en dis pas davantage. Vous partirez dans deux jours, & vous reverrez Athênes. Que la joïe à préſent & que les plaiſirs ſuccédent aux chagrins que vous avez ſenti, & célebrent le jour de vôtre vie le plus profitable.

F I N.

APPROBATION.

J'Ai lû par ordre de Monseigneur le Garde des Sceaux, *l'Isle des Esclaves*, *Comédie*, dont j'ai crû que la lecture soûtiendroit l'idée qu'en a donnée la Représentation. Fait à Paris ce 28. Mars 1725.

HOUDAR DE LA MOTTE.

PRIVILEGE DU ROY.

LOUIS, PAR LA GRACE DE DIEU, ROY DE FRANCE ET DE NAVARRE: A nos amez & feaux Conseillers, les Gens tenans nos Cours de Parlement, Maîtres des Requêtes ordinaires de nôtre Hôtel, Grand-Conseil, Prevôt de Paris, Baillifs, Sénéchaux, leurs Lieutenans Civils, & autres nos Justiciers qu'il appartiendra : SALUT. Nôtre bien-amé le Sieur DELORMEL, Nous ayant fait supplier de luy accorder nos Lettres de Permission pour l'Impression d'un Manuscrit qui a pour titre, *l'Isle des Esclaves* ; offrant de le faire imprimer en bon papier & beaux caracteres, suivant la feüille imprimée & attachée pour modéle sous le Contre-scel des Préſentes ; Nous avons permis & permettons par ces Préſentes audit Sieur Delormel, de faire imprimer ledit Ouvrage en un ou pluſieurs Volumes, conjointement ou ſéparément, & autant de fois que bon luy ſemblera, ſur papier & caractéres conformes à la feüille imprimée & attachée ſous le Contre-ſcel des Préſentes, & de le faire vendre & debiter par tout nôtre Royaume pendant le temps de trois années conſecutives, à compter du jour de la date deſdites Préſentes : Faiſons défenſes à tous Libraires, Imprimeurs & autres Perſonnes de quelque qualité & condition qu'elles ſoient, d'en introduire d'Impreſſion étrangere dans aucun lieu de nôtre obéïſſance ; à la charge que ces Préſentes ſeront enregiſtrées tout au long ſur le Regiſtre de la Communauté des Libraires & Imprimeurs de Paris, & ce dans trois mois de la date d'icelles : que l'Impreſſion de cet Ouvrage ſera faite dans nôtre Royaume & non ailleurs, & que l'Impétrant ſe conformera en tout aux Reglemens de la Librairie, & notamment à celui du 10. Avril 1725. & qu'avant que de l'expoſer en vente, le Manuſcrit ou Imprimé qui aura ſervi de Copie à l'Impreſſion dudit Livre ſera remis dans le même état où l'Approbation y aura été donnée, ès mains de nôtre très-cher & feal Chevalier Garde des Sceaux de France le Sieur FLEURIAU D'ARMENONVILLE, Commandeur de nos Ordres ; & qu'il en sera ensuite remis deux Exemplaires dans nôtre Bibliotheque publique, un dans celle de nôtre Château du Louvre, & un dans celle de nôtre très-cher & feal Chevalier Garde des Sceaux de France le Sieur Fleuriau d'Armenonville, Commandeur de nos Ordres ; le tout à peine de nullité des Présentes : Du contenu desquelles vous mandons & enjoignons de faire joüir l'Exposant ou ses ayans cause, pleinement & paisiblement, sans souffrir qu'il leur soit fait aucun trouble ou empêchement : Voulons qu'à la Copie desdites Présentes qui sera imprimée tout au long au commencement ou à la fin dudit Ouvrage, foy soit ajoûtée comme à l'Original. Commandons au premier nôtre Huïssier ou Sergent de faire pour l'execution d'icelles tous Actes requis & necessaires, sans demander autre Permission, & nonobstant Clameur de Haro, Charte Normande & Lettres à ce contraires : CAR tel est nôtre plaisir. DONNE' à Paris le vingt-sixiéme jour du mois d'Avril, l'an de grace mil sept cens vingt-cinq, & de nôtre Regne le dixiéme. Par le Roy en son Conseil.

DE S. HILAIRE.

Regiſtré ſur le Regiſtre VI. de la Chambre Royale des Libraires & Imprimeurs de Paris, N°. 226. fol. 185. conformément aux anciens Reglemens, confirmés par celui du 28. Février 1723. A Paris le 3. May 1725.

BRUNET, Syndic.

www.ingramcontent.com/pod-product-compliance
Lightning Source LLC
LaVergne TN
LVHW022014080426

835513LV00009B/721